AF262176

Dr P.-E. LE MAGUET

LAURÉAT DE L'INSTITUT DE FRANCE
ET DE L'ACADÉMIE DE MÉDECINE
MÉDECIN AIDE-MAJOR DE 1re CLASSE DE RÉSERVE

Le Support-Brancard

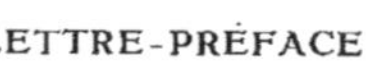

LETTRE-PRÉFACE

DE

M. JULES CLARETIE

DE L'ACADÉMIE FRANÇAISE

PARIS

A. MALOINE, ÉDITEUR

25-27, RUE DE L'ÉCOLE-DE-MÉDECINE, 25-27
—
1911

DÉPÔT LÉGAL
SAONE & LOIRE
11 266
1911

8e Td 138
378

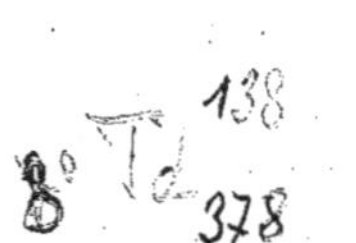

Dr P.-E. LE MAGUET

LAURÉAT DE L'INSTITUT DE FRANCE
ET DE L'ACADÉMIE DE MÉDECINE
MÉDECIN AIDE-MAJOR DE L'ÉCOLE DE RÉSERVE

A sa Majesté la Reine ÉLÉONORE DE BULGARIE

Le

Support-Brancard

CONSIDÉRATIONS SUR LE SERVICE DE SANTÉ DE L'AVANT ET SUR LE TRANSPORT DES BLESSÉS A BRAS. LE SUPPORT-BRANCARD. LE SUPPORT FIXE POUR LIT-BRAN-CARD.

Lettre-Préface de M. JULES CLARETIE

DE L'ACADÉMIE FRANÇAISE

Assistant aux processions de la Semaine Sainte à Fontarabie, nous fûmes étonnés de voir avec quelle facilité les processionnaires portent, des heures durant, de pesants catafalques sans les reposer jamais sur le sol. A chaque pause ils chargent leur lourd fardeau sur des supports très rudimentaires, de simples bâtons armés d'une petite fourche.

Pensant aux efforts que l'on demanderait, en temps de guerre, aux brancardiers chargés de l'évacuation des blessés couchés, nous nous sommes efforcés d'adapter au brancard réglementaire de l'armée la fourche-support des processionnaires espagnols.

1680 19//

COMÉDIE FRANÇAISE

Administrateur Général

Viroflay
(Seine-et-Oise)

Monsieur et Cher Docteur,

J'ai lu avec infiniment d'intérêt votre brochure sur le support-brancard. Votre invention me paraît fort utile. Comme vous, j'avais été frappé par la façon dont les porteurs espagnols de Fontarabie se reposaient du poids de leurs catafalques. Leurs fourches rendraient le même service à nos ambulanciers.

J'avais, en vous écrivant les instructeurs de 1870 tendant les décès aux ambulanciers improvisés, dans la cour de l'Hôtel de Ville pendant le siège. De tels supports brancard eût allégé leurs efforts.

Croyez, Monsieur, j'eus... pédiatres sentiments dévoués,

29 7bre

A SA MAJESTÉ LA REINE ÉLÉONORE DE BULGARIE

MADAME,

Sa Majesté le Roi de Bulgarie a daigné m'autoriser à dédier ce travail à Votre Majesté, dont le nom réalise, pour nous autres Français, l'idéal de ce qu'exprime le mot « charité ».

Nous nous souvenons en effet que, pendant la guerre russo-japonaise, vous fûtes « l'oberin » infatigable des ambulances de S. M. l'Impératrice douairière de Russie.

Nous savons qu'à Sofia vous êtes chaque jour la royale infirmière de l'Hôpital Clémentine, et la souveraine protectrice des œuvres d'assistance aux aveugles et sourds-muets bulgares, œuvres créées de toutes pièces par Votre Majesté.

Votre existence n'est qu'un tissu d'actes charitables.

Aussi les blessés, les malades, les déshérités de la vie vous ont tressé, dans leur reconnaissance, la plus belle couronne que puisse désirer une reine.

Je prie donc Votre Majesté d'accepter la dédicace de ce modeste travail dont le but est de remédier aux souffrances des soldats blessés.

Ces souffrances, l'infirmière des champs de bataille de Mandchourie les a vues de près, et c'est la raison, Madame, qui m'amène à solliciter pour le SUPPORT-BRANCARD le royal parrainage de Votre Majesté.

Je prie Votre Majesté de vouloir bien agréer l'assurance de mon plus profond respect.

Nogent-sur-Marne (Seine), octobre 1911.

Dr P.-E. LE MAGUET,
Lauréat de l'Institut de France et de l'Académie de médecine,
Médecin aide-major de 1re classe de réserve.

LE SUPPORT-BRANCARD

CONSIDÉRATIONS SUR LE SERVICE DE SANTÉ DE L'AVANT ET SUR LE TRANSPORT DES BLESSÉS A BRAS

Les progrès de l'armement et les enseignements de la guerre russo-japonaise ont bouleversé l'ancienne tactique.

Plus l'action d'une unité doit être accentuée et prolongée, disait-on, plus il faut en restreindre le front [1].

Avec le tir précis de l'artillerie moderne, les unités qui observeraient cette tactique seraient rapidement décimées. Est-il besoin de rappeler, à la bataille de Sandépou, les 817 hommes du 34e Régiment Sibérien mis hors de combat en l'espace d'une demi-heure.

L'obligation d'augmenter le front des unités et de s' « égailler », pour employer la vieille expression des Chouans, se fait de plus en plus sentir.

Nous ne verrons assurément pas, au cours d'une guerre continentale, un front de combat égal à celui de la bataille de Moukden, où les trois armées russes étendirent leur front sur une longueur de 70 kilomètres et sur une profondeur de 8 à 10.

Cependant un groupe d'armées, en contact avec l'ennemi, développerait son front sur une longueur d'au moins 30 à 40 kilomètres.

Et cette dispersion des unités de combat entraînerait, comme corollaire, des difficultés extraordinaires dans la recherche, le relèvement et l'évacuation des blessés.

En dehors de quelques rares exceptions, il sera à peu près impossible pour le Service de Santé, surtout dans une action défensive, de rechercher et de relever les blessés pendant le combat. Cette opération n'aura de chance d'aboutir,

1. On ne devait jamais dans l'offensive dépasser 700 mètres pour un régiment, 1.400 mètres pour une brigade, 2.100 mètres pour une division.

pendant les accalmies prolongées du feu, que grâce à des défilements et couverts favorables ou lorsqu'elle s'effectuera dans une zone devenue abordable parce que l'action s'en sera détournée [1].

Le service de Santé de l'Avant devra donc attendre la fin de la bataille avant d'effectuer la recherche et le relèvement des blessés. L'effort qu'on lui demandera à ce moment précis sera donc considérable.

En effet Von der Goltz estime que la victoire se décide à l'instant où les troupes engagées ont subi 10 p. 100 de pertes de part et d'autre [2].

Un groupe d'armées fort de 500.000 hommes (ce que l'on verrait dans la prochaine guerre) aura donc 50.000 hommes hors de combat.

D'après les statistiques des techniciens [3] ces 50.000 hommes se répartiraient dans les diverses catégories suivantes :

Tués . . . . 15 p. 100, soit 7.500 hom.
Blessés légers rentrant au corps   5 p. 100 —   2.500 —
Blessés capables de marcher. . 40 p. 100 —   20.000 —
Blessés à transporter assis . . . 20 p. 100 —   10.000 —
Blessés à transporter couchés. . 20 p. 100 —   10.000 —[1]

Ce sont les *Transports de l'Avant* qui effectueront la lourde tâche d'assurer l'évacuation de la catégorie des blessés à transporter couchés, évacuation que nous n'envisagerons ici que dans le Corps d'Armée. Ces blessés, ils devront les rechercher soit sur la ligne de feu, soit dans les *refuges de blessés* [2] pour les transporter aux *postes de* secours [3] et ensuite aux *ambulances de corps d'armée* [4].

1. Troussaint, *La direction du Service de Santé en campagne*, p. 339.
2. D'après Troussaint, les pourcentages des pertes d'une armée établis par Van der Goltz semblent, à l'heure actuelle, trop faibles. Selon Van der Goltz :
Le régiment engagé isolément perd 30 à 60 % en moyenne ;
La division non encadrée perd 25 à 30 %   —
Le corps d'armée non encadré perd 15 à 25 %   —
L'armée dans son ensemble perd 10 à 15 %   —
Dans la guerre russo-japonaise la moyenne générale des pertes de l'armée japonaise en Mandchourie a atteint 36 %.
A Moukden l'armée russe eut 15.000 tués et 55.000 blessés. Les pertes des Japonais s'élevèrent à 60.000 hommes environ.
3. Troussaint, *La direction du Service de Santé en campagne*, p. 226.

1. Soit de 800 à 1.000 blessés à transporter couchés pour une division d'un effectif de 15.000 hommes et 1.800 à 2.000 pour un corps d'armée d'un effectif de 35.000 à 40.000 hommes.
2. On entend par *refuge de blessés* une formation sanitaire, premier échelon du service de santé de première ligne, créée pendant le combat derrière chaque compagnie du corps de troupe engagé; cette formation (médecin auxiliaire, infirmiers et brancardiers) doit assurer les premiers soins et les pansements sommaires et grouper le plus possible les blessés.
3. Le *poste de secours* du régiment est le deuxième échelon du service de santé de première ligne. Il est constitué par le groupement du personnel sanitaire resté à la disposition du médecin chef de service (médecins, infirmiers, brancardiers) et par la réunion du matériel roulant (voitures médicales).
4. *Les ambulances de corps d'armée* sont au nombre de 8 ; il faut y ajouter une *ambulance de division de cavalerie*.

Les transports de l'Avant comprennent tous les moyens de relèvement des blessés utilisés par les corps de troupe (brancardiers et musiciens) et les colonnes de transport constituées par les groupes de brancardiers divisionnaires et de corps (brancards, chariots, porte-brancards, petites et grandes voitures pour blessés, cacolets…).

Du poste de secours aux ambulances de corps d'Armée le transport des blessés se fera presque exclusivement au moyen des chariots porte-brancards, de voitures et de cacolets.

Mais de la ligne de feu ou des refuges de blessés jusqu'aux postes de secours, le transport des blessés couchés devra s'effectuer *à bras*, en se servant des 342 brancards que comprend le matériel du service de santé du Corps d'Armée.

Le nombre de brancards est de beaucoup supérieur au nombre d'équipes normales de brancardiers que possède ce Corps d'Armée [1].

1. Troussaint, *Direction du Service de Santé en campagne*, p. 227.

On y compte en effet 948 brancardiers, fournis :

512 par les 8 régiments d'infanterie ;
120 par les 30 batteries d'artillerie ;
12 par les 3 compagnies du génie ;
304 brancardiers éventuels fournis par les musiciens régimentaires.

Ces 948 brancardiers étaient anciennement groupés en 131 équipes de 4 et 211 équipes de 2 $(131 + 211 = 342)$ pour l'utilisation de tous les brancards.

Mais en réalité l'équipe de 2 brancardiers aurait un rendement si infime que les équipes de 4 brancardiers fonctionneraient seules, n'utilisant environ que 220 brancards.

Ajoutons cependant que les huit ambulances de corps d'armée et l'ambulance de la division de cavalerie pourraient coopérer au transport des blessés jusqu'aux postes de secours par l'envoi d'équipes de brancardier de corps ou divisionnaires. Mais cette aide ne serait qu'éventuelle, car l'évacuation des blessés des postes de secours jusqu'aux ambulances occuperait la majeure partie de ces brancardiers.

LE SUPPORT-BRANCARD ET SON EMPLOI

L'augmentation du front des unités, la dissémination des refuges des blessés, la nécessité pour le personnel médical d'installer hors de la portée du feu de l'ennemi les formations sanitaires (postes de secours ou ambulances) imposeront aux équipes de brancardiers chargés d'évacuer les blessés couchés un parcours moyen de 3 kilomètres pour conduire ces blessés de l'endroit où elles les relèveront jusqu'à l'une des formations sanitaires du service de l'avant où ils recevront les premiers soins[1].

Ce parcours exigera un effort soutenu de plus d'une heure puisque la vitesse moyenne d'un groupe de brancardiers est au maximum de 2 kil. 500 à l'heure.

Et cette vitesse ne s'obtient qu'avec des équipes de brancardiers robustes et exercés, car le transport « à bras » est très pénible.

Outre le poids du brancard chargé du blessé et de son fourniment (fusil, cartouches, sac et vivres, etc., etc.....),

l'équipe est obligée à chaque temps de repos de déposer sur le sol puis de recharger le brancard, c'est-à-dire un poids moyen de 90 à 100 kilog.

D'après les techniciens, une équipe de brancardiers devra se reposer tous les cent mètres, soit trente fois avant d'arriver avec son blessé au poste de secours.

Et ces trente déposés et rechargements du brancard entraîneront, outre une fatigue excessive pour les brancardiers, des conséquences souvent très graves pour le blessé.

Chaque fois qu'il sera déposé sur le sol, il sentira ses douleurs redoubler par suite des mouvements peu coordonnés ou brusques de brancardiers fatigués. S'il est atteint d'une blessure grave (plaie pénétrante du poumon ou de l'abdomen, fracture du bassin, etc., etc.), combien le pronostic ne pourra-t-il s'assombrir par suite de la gymnastique pénible qu'il devra effectuer à chaque pause de ses brancardiers?

C'est pour remédier à cet état de choses que le support mobile pour brancard ou SUPPORT-BRANCARD a été établi.

1. D'après Troussaint cette distance moyenne de 3 kilomètres devrait être augmentée dans les engagements futurs.

Il a pour but de permettre aux brancardiers de se reposer sans avoir à déposer le brancard sur le sol pour le recharger ensuite.

Il évite donc à ceux-ci des fatigues excessives et permet au blessé transporté d'arriver au poste de secours avec le minimum de souffrances possible, car la position de repos est obtenue en deux temps et sans aucune secousse.

Différents types de Support-Brancard ont été déjà établis [1] par nous, mais ces divers supports présentaient tous un inconvénient : c'est d'être de deux modèles, les uns servant aux brancardiers avant, les autres aux brancardiers arrière.

Ce qui caractérise le nouveau support si on le compare aux dispositifs antérieurement fabriqués, c'est qu'il est étudié en vue de permettre une manœuvre facile et régulière, avec un *modèle unique* d'appareil, convenant également

tant aux brancardiers arrière qu'aux brancardiers avant.

Cette unité de modèle est particulièrement avantageuse au point de vue des armées ; elle assure une plus grande régularité de manœuvre, le remplacement plus facile des supports égarés ou cassés, le changement des équipes des brancardiers sans qu'il y ait lieu pour ces derniers de faire des échanges de supports.

Pour mieux exposer le problème qui se pose on se référera aux figures 1 et 2 qui représentent en vue latérale le brancard à deux périodes de la manœuvre.

A la figure 1 les supports ont été disposés obliquement sous le brancard pour saisir ce dernier entre leurs fourches. A la figure 2, les supports ont été redressés et le brancard repose uniquement sur eux.

La flèche de la figure 1 montre le sens de la manœuvre de redressement.

L'équipe de brancardiers, avant et arrière, soutient pendant la marche les brancards sur ses épaules.

Chacun des longerons de brancards est terminé à ses deux extrémités par des poignées 1 2 à l'avant et 3 à l'arrière. Ces poignées présentent une section circulaire et rétrécie par rapport au reste du longeron. Le corps du

---

1. Les supports-brancards ancien modèle se composent comme les nouveaux d'un manche ferré à ses deux extrémités. La ferrure supérieure comportait :

1° Pour les brancardiers *avant*, une fourche rappelant la forme classique d'une lyre dont les deux branches étaient écartées de 0 m. 030, dans laquelle venait s'encastrer le bras avant du brancard au niveau de l'étranglement qui fait suite à la poignée ;

2° Pour les brancardiers arrière, une fourche rappelant la forme de la « fourche américaine » et dont les branches étaient écartées de 0 m 045 ; cette fourche devait se fixer immédiatement en avant de la plaque de hampe de derrière (ou de tête), plaque métallique qui maintient le pied du brancard et fixait en même temps la fourche au cours des différentes manœuvres.

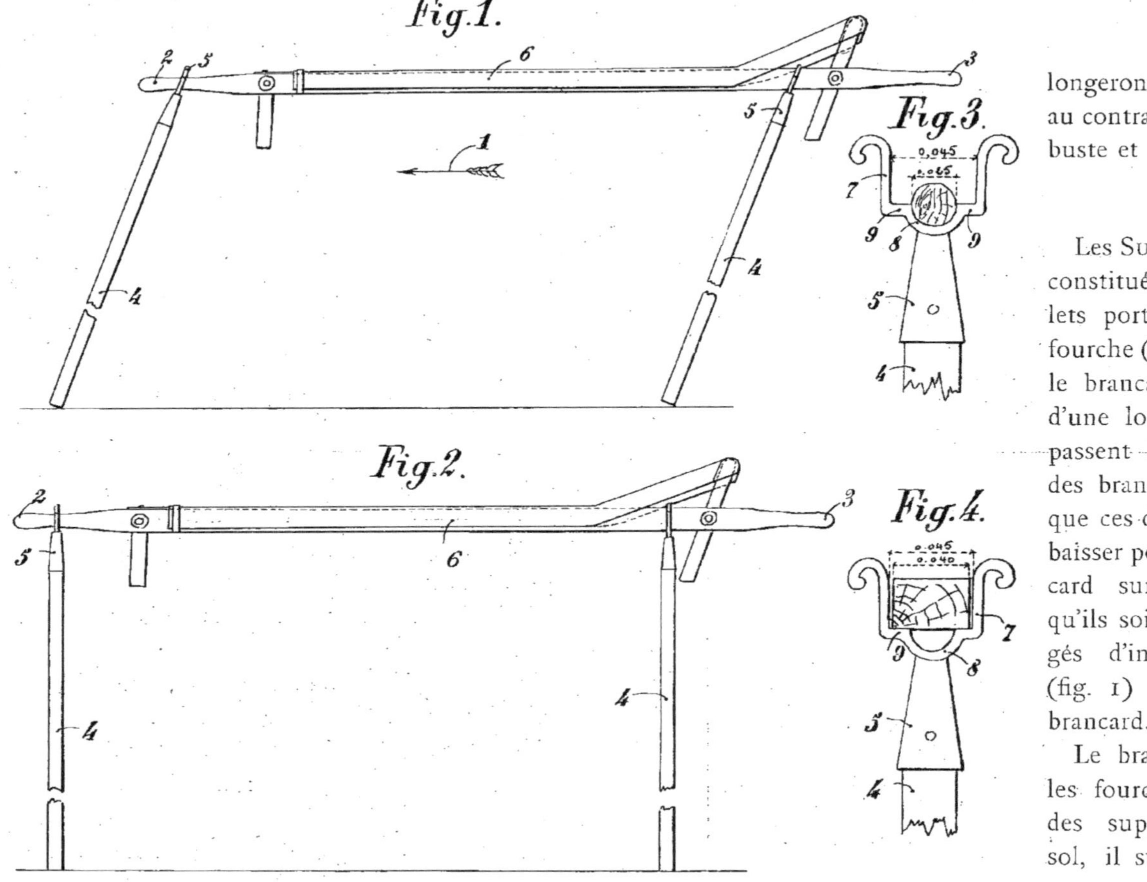

longeron appelé hampe présente, au contraire, une section plus robuste et de forme rectangulaire.

Les Supports-Brancards sont constitués par des sortes de potelets portatifs (4) munis d'une fourche (5) destinée à embrasser le brancard. Ces potelets sont d'une longueur telle qu'ils dépassent la hauteur des épaules des brancardiers ; de telle façon que ces derniers n'aient pas à se baisser pour faire reposer le brancard sur ses supports ; mais qu'ils soient, au contraire, obligés d'introduire obliquement (fig. 1) les supports sous le brancard.

Le brancard étant pris dans les fourches (5) et l'extrémité des supports reposant sur le sol, il suffira d'un petit mouvement en sens convenable pour redresser doucement les supports, sans que le blessé placé sur le brancard ait à subir des secousses pénibles et douloureuses.

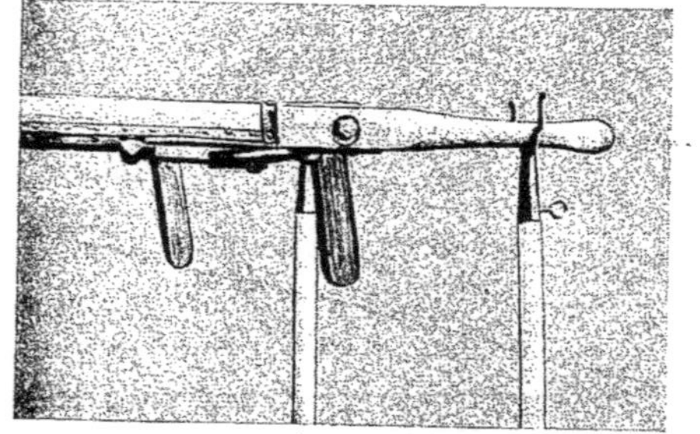

Fig. 5.

Pour arriver à l'exécution possible de ce mouvement, il faut que, dans leur position inclinée, les supports d'avant soient parallèles à ceux d'arrière, afin que le même mouvement qui redresse les uns redresse également les autres. Il en résultera comme première conséquence que les brancardiers avant et les brancardiers arrière devront placer leurs supports sous les brancards exactement de la même façon.

En second lieu, le mouvement le plus naturel pour les brancardiers consiste à placer leurs supports devant eux, *de manière à bien voir ce qu'ils font.*

Enfin, le mouvement le plus naturel pour redresser les supports consiste à faire un pas en avant.

Il résulte de ces conditions de manœuvres qu'au moment où on le place sous le brancard pour lui faire jouer son rôle à l'arrêt, le support est posé par le brancardier devant lui, incliné légèrement par rapport à la verticale, l'extrémité qui repose sur le sol se trouvant en avant de la fourche qui embrasse le brancard.

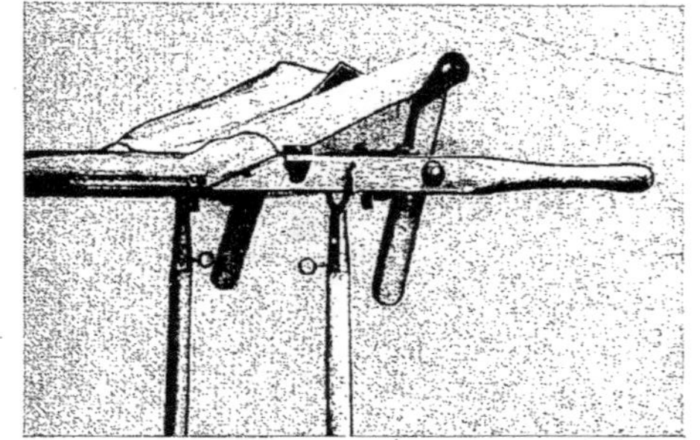

Fig. 6.

Il résulte aussi de la position des brancardiers que celui d'avant trouvera devant lui, pour poser sa fourche, la partie

amincie de la poignée (2), tandis que celui d'arrière aura
devant lui la portion renforcée de la
hampe (6).

Il fallait donc donner à la fourche une
forme convenable susceptible de fournir
un appui certain et solide, aussi bien à la
partie amincie de la poignée (2) qu'à la
partie renforcée de la hampe (6). Cette
fourche qui constitue une des caractéris-
tiques du dispositif est représentée aux fig.
3, 4, 5 et 6. Elle comporte deux branches
verticales (7) réunies par une branche pré-
sentant en son milieu une partie creuse
(8), raccordée aux branches verticales (7)
par deux tronçons horizontaux (9). Les
dimensions sont calculées de telle sorte
que la partie amincie (2) de la poignée
puisse reposer au fond de la gorge (8),
tandis que la partie large du longeron (6)
se trouve encadrée par les branches verticales (7), tout en reposant sur les deux
tronçons horizontaux (9). Grâce à cette

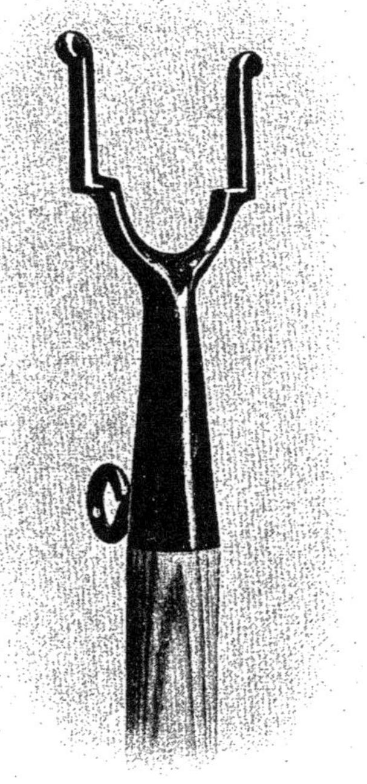

Fig. 7. (Breveté S. G. D. G.)

disposition, le même modèle peut servir indifféremment à
l'avant et à l'arrière.

En résumé, le Support-Brancard est
un dispositif constitué par un potelet por-
tatif surmonté d'une fourche de section
rectangulaire correspondant à celle de la
hampe du brancard, la partie horizontale
de cette fourche étant, en outre, creusée
d'une gorge permettant de loger également la partie ronde et amincie de la
poignée de ce même brancard.

Le Support-Brancard (Breveté
S. G. D. G.) comporte donc un manche
ferré à ses deux extrémités (fig. 7).

Sa hauteur totale (manche et ferrures)
est de 1 ^{m} 46 ; son diamètre est de 0 ^{m} 025.

Le manche peut être fait :

1° En bambou de Canton unissant
la légèreté à la solidité ; ce manche aura
l'avantage de ne coûter rien ou presque
rien au Service de Santé puisque l'on pour-

rait utiliser pour le fabriquer les lances en bambou de la cavalerie légère, lances supprimées récemment par le Comité technique de la Cavalerie [1]. Cependant, pour recevoir les ferrures, le bambou, de par sa contexture, devrait être travaillé, ébarbé et muni, tout au moins pour la ferrure supérieure, d'une gaine métallique qui s'emmancherait dans cette ferrure : partant, travail plus compliqué dont se ressentirait le prix de revient.

2° En sapin rouge, aulne ou frêne, la solidité en serait à peu près la même ; le poids seul diffère.

Des essais faits avec le peuplier ou le grisart ont démontré que ces bois étaient cassants, par suite des nœuds qu'il est difficile d'éviter dans des bâtons d'une longueur de 1 ^{m}46.

La ferrure supérieure, sur la forme de laquelle nous n'avons plus à revenir, peut être faite en fer forgé, en acier estampé ou en fonte malléable. Le poids pour ces différents métaux est le même, environ 130 à 150 gr. par ferrure. Mais le prix en est très différent ; le fer forgé et l'acier estampé revenant environ quatre fois plus cher que la fonte malléable.

La fonte malléable est assurément moins solide que le fer

ou l'acier, mais elle se prête néanmoins à bien des usages, peut subir bien des chocs et semble être le métal de choix, peu coûteux et pratique, pour la confection de la ferrure supérieure.

La ferrure inférieure comporte :

1° Une virole en acier doux, maintenant enchâssée dans l'extrémité inférieure du bâton une pyramide en fonte malléable à arêtes mousses et d'une hauteur de 2 centimètres (modèle de la canne alpine des troupes italiennes).

2° Ou un bout en fer de 0 ^{m} 24 de diamètre et de 0 ^{m} 04 de hauteur, formant cuvette et enchâssant le talon du manche.

Les ferrures supérieures et inférieures, solidement emmanchées dans le bâton, sont amovibles, et maintenues par deux pitons, d'un diamètre extérieur de 0 ^{m} 022. Ces pitons s'accrochent en *ordre de marche*, à deux vis à crochets fixées à la face externe de la hampe du brancard, permettant aux brancardiers d'accrocher et de décrocher les supports selon qu'ils veulent ou non s'en servir (fig. 8).

Le brancard, une fois démonté et roulé, le jeu de support trouve place le long des hampes contre lesquelles il est maintenu par la toile du brancard et les deux bretelles (fig.

1. La lance en bambou est remplacée par une lance en tôle d'acier avec pointe d'arrêt, en usage déjà dans la cavalerie allemande.

9). Brancard et supports ne tiennent pas plus de place dans la voiture régimentaire que le brancard seul [1].

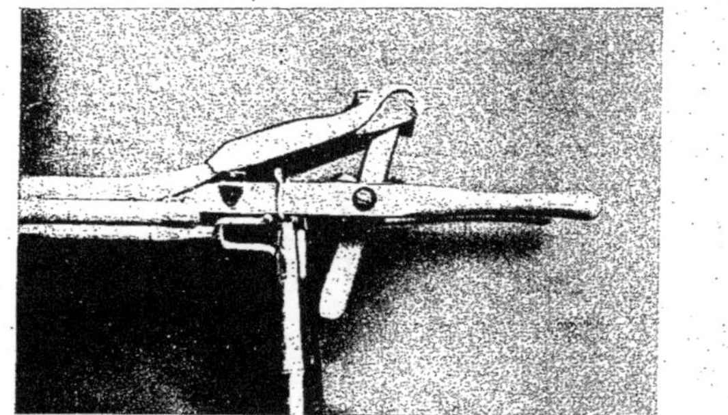

Fig. 8.

Le poids moyen de chaque SUPPORT-BRANCARD (manches et ferrures) est d'environ 400 gr. pour le support en bambou et de 500 gr. pour le support en sapin [2].

Le prix du SUPPORT-BRANCARD est très variable et cette variation relève de deux facteurs principaux : 1° le bois et le métal employés dans sa fabrication ; 2° la quantité de supports commandée.

Le support comportant un manche de sapin rouge avec les deux ferrures en fonte malléable, vernies, et jeu d'attaches (2 pitons et 2 vis à crochets vernies) reviendraient approximativement à o fr. 90 ou un franc.

La ferrure supérieure, établie en acier estampé et par grandes quantités présenterait de gros avantages au point de vue solidité et son prix serait sensiblement inférieur à celui du fer forgé. Mais l'établissement de moules s'amortissant au fur et à mesure des commandes et le coût de l'ébarbage des pièces empêchent d'établir un prix exact.

Enfin le prix de revient dépendrait surtout de la quantité de SUPPORTS-BRANCARDS fabriqués ; c'est ainsi que les ferrures inférieures en forme de cuvette, qui coûtent 30 fr. le cent, coûteraient moitié moins par commande de 25.000.

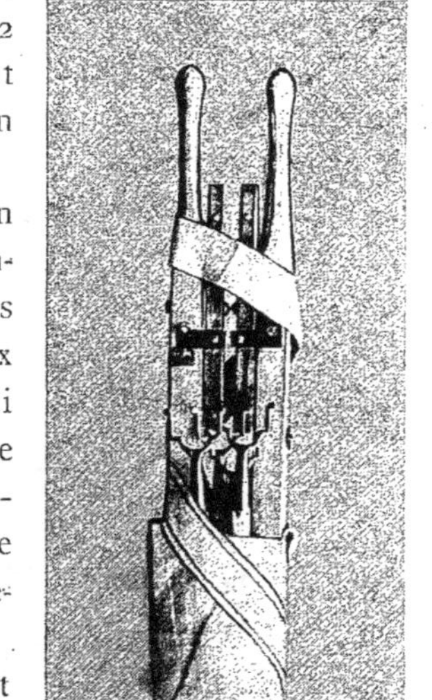

Fig. 9.

1. Le poids du brancard et de son jeu des supports ne dépasse pas 12 kilog.
2. Soit 1.600 gr. pour le jeu des quatre supports en bambous et 2 kilog. pour le jeu des supports en sapin.

MANŒUVRE DU SUPPORT-BRANCARD

Le blessé, une fois déposé sur le brancard, le chargement de ce dernier sur les épaules des 4 brancardiers ne diffère en rien de la technique que nous enseigne le manuel du brancardier régimentaire.

Seulement, le brancard, une fois chargé [1], et avant le commandement de « *En avant marche* », chaque brancardier arrière (nos 2 et 4) décroche les deux supports fixés le long de la hampe ; d'abord le support *avant* qu'il passe au brancardier *avant* (nos 1 et 3), puis le support *arrière* qu'il garde.

Pendant la marche, les brancardiers conservent le SUPPORT-BRANCARD en main (fig. 10), support qui, loin de les gêner,

1. L'on désigne par brancardier no 1, *ou chef brancardier*, celui qui est placé à l'avant du côté droit suivant la direction de la marche ; le no 2 est à l'arrière et du même côté ; les brancardiers nos 3 et 4 doublent respectivement les deux premiers du côté gauche.

Fig. 11.

Lorsque l'équipe de brancardiers veut s'arrêter, au commandement de « *halte* » les 4 brancardiers s'arrêtent puis engagent respectivement leur support au point précis de la hampe indiqué antérieurement (fig. 11).

Les Supports-Brancards se trouvent alors inclinés, l'extrémité supérieure faisant avec la hampe du brancard deux angles aigu en avant et obtus en arrière. Leurs extrémités inférieures, s'appuyant fortement sur le sol, doivent avoir entre elles le même écartement que leurs extrémités supérieures. Enfin, les supports avant et arrière doivent être parallèles.

Au commandement de « *Chargez* » les 4 brancardiers tenant d'une main le support et de l'autre la hampe du brancard font un pas en avant en redressant le support qui devient perpendiculaire à la hampe, formant avec celle-ci deux angles leur sert de canne, surtout dans les terrains accidentés[1].

grande utilité. L'on ne doit pas oublier que les brancardiers des troupes de montagne conservent le bâton ferré alpin qui leur facilite la marche en montée ou en descente et la traversée des fossés, ruisseaux…

1. Le support-brancard au cours de la marche pourra bien au contraire être de

droits. Cette manœuvre devra être faite sans précipitation, avec douceur et en évitant tout mouvement brusque qui pourrait causer des souffrances ou aggraver l'état du blessé (fig. 12).

Le mouvement en lui-même est très aisé à exécuter et l'apprentissage des équipes est rapidement fait. Le brancard quitte alors doucement les épaules des brancardiers et vient se charger très facilement sur ses supports [1].

Pendant la pause, les brancardiers maintiennent sans effort appréciable l'équilibre du brancard et de ses supports, et l'un d'entre eux peut même lâcher son

Fig. 12.

1. Dans les cas où les brancardiers sont d'une taille dépassant 1 m 75 de hauteur, ils doivent, au commandement de « *Chargez* », soulever le brancard d'une main, engager leur support à l'endroit précis indiqué et dégager leur épaule en se faisant face, laissant par ce mouvement le brancard reposer sur ses supports. A la fin de la pause et au commandement de : « *Reposez* », les brancardiers se faisant de nouveau face soulèvent le brancard, engagent l'épaule sous la hampe qu'ils laissent retomber doucement en dégageant par là même le support.

SUPPORT-BRANCARD si des soins à donner au blessé ou toute autre raison l'y obligent (fig. 13).

Fig. 13.

immédiatement au-dessous de celle-ci.

Au commandement de « *Reposez* » ils font un pas en arrière tout en attirant à eux l'extrémité supérieure de leurs supports et le brancard revient se poser sur leurs épaules sans aucune secousse pour le blessé.

Le blessé arrivé au poste de secours et pour déposer le brancard sur le sol les brancardiers, au commandement de « *Préparez-vous à poser le brancard* », commencent par charger, ainsi qu'il vient d'être dit, le brancard sur ses supports, puis se font face, tenant d'une main le support et de l'autre la hampe du brancard.

Au commandement de « *Posez* » ils lâchent le support en saisissant de la main libre la hampe qu'ils tiennent dans les deux mains et, doucement, en faisant un pas de côté, ils amènent le brancard jusqu'à terre, les supports accompagnant le mouvement.

A la fin de la pause, les brancardiers reprennent leur place, l'épaule qui doit soutenir la hampe venant se placer

Le Support-Brancard permet en outre:

1° Aux équipes de brancardiers de changer de position lorsque leurs épaules sont fatiguées par le poids du brancard; les brancardiers 1 et 4 lâchent leur support au commandement de « *Changez* » et changent de place. Au deuxième commandement de « *Changez* », les brancardiers 2 et 3 font de même.

2° Le remplacement d'une équipe fatiguée par une équipe fraîche, les brancardiers 1 et 4 lâchant leurs supports que saisissent de nouveaux brancardiers; les brancardiers 2 et 3 sont ensuite remplacés de la même façon (fig. 14).

3° De franchir aisément un obstacle, haie, mur, fossé ruisseau; l'équipe n'aura qu'à se conformer au manuel des brancardiers régimentaires, après avoir chaque fois chargé le brancard sur ses supports.

4° De charger avec facilité et en se servant d'un personnel moins nombreux les brancards dans les petites et les grandes voitures (fig. 15), ou les trains sanitaires. Une seule équipe de brancardiers peut y suffire.

Fig. 14.

CONCLUSIONS

Fig. 15.   Ph. Vercher, Nogent-sur-Marne.

Le Support-Brancard a été présenté et expérimenté au cours des dernières manœuvres du Service de Santé du Gouvernement militaire de Paris.

Il a déjà provoqué bien des critiques, mais reçu aussi de précieux encouragements.

Le dispositif n'est pas bien entendu « chose neuve », c'est la *chambrière* de la voiture, la *servante* du forgeron, le fusil sur lequel, à la halte horaire, le soldat fatigué pose son sac...

« C'est vieux comme le monde, nous disait, il y a quelques jours, un ancien Médecin Inspecteur de l'Armée, mais encore fallait-il avoir l'idée de l'appliquer au transport des blessés. »

Les encouragements que l'auteur de

ce rapport reçut de M. le Médecin Inspecteur Général Février et de MM. les Médecins principaux Boisson et Cordier ont montré que le *Nil novi sub sole* n'empêchait pas une idée ancienne de trouver une application nouvelle.

Et pour se convaincre des services que pourrait rendre le SUPPORT-BRANCARD dans une prochaine guerre, l'on n'a qu'à méditer les deux clichés de *l'Illustration* (15 juillet 1911) montrant le Commandant ROUMENS, blessé mortellement près de Derbou et rapporté par ses tirailleurs de la ligne de feu à l'ambulance du 2ᵉ Zouaves.

Les souffrances de ce héros, blessé d'une balle au ventre, ne furent-elles pas, au cours du long calvaire qu'il eut à gravir, redoublées par les déposes multiples du brancard, sur lequel pourtant, pieusement, avec de filiales précautions, ses tirailleurs, vibrant encore de l'exaltation de la lutte, le portaient.

Le SUPPORT-BRANCARD peut donc être appelé, lors des prochaines guerres, à rendre des services très appréciables :

1° En économisant les forces des brancardiers;

2° En augmentant leur vitesse moyenne de marche, qui, d'après les essais effectués récemment, passerait de 2 kil. 500 à 3 kil. 500 à l'heure;

3° En rendant plus rapide l'évacuation des blessés couchés ;

4° Enfin en réduisant au strict minimum les souffrances que causent à ces blessés la dépose et le rechargement du brancard.

Et c'est surtout cette dernière considération qui nous a amené à publier ce travail, qui en faisant connaître un dispositif *humanitaire* pourra servir la cause de l'Humanité.

SUPPORT FIXE POUR LIT-BRANCARD

Le matériel des hôpitaux de campagne et des hôpitaux d'évacuation comporte un certain nombre de *supports pour lit-brancard*.

Ces supports sont de deux sortes :

1° Un modèle destiné à supporter le brancard transformé en couchette ;

2° Un modèle analogue mais plus haut et qui forme avec le brancard un lit d'opération.

Les supports actuellement en usage dans l'armée sont dus à M. le Médecin-Inspecteur Strauss ; ils comportent deux X en chêne, réunis par une traverse métallique. Le tout forme un ensemble très rigide, mais dont le gros inconvénient est le poids.

Les 40 supports pour lit-brancard dont dispose chaque hôpital d'évacuation nécessitent un fourgon entier pour être transportés d'un point à un autre.

C'est la principale raison qui nous a conduit à faire établir un modèle de *support pour lit-brancard* (fig. 16) dont le

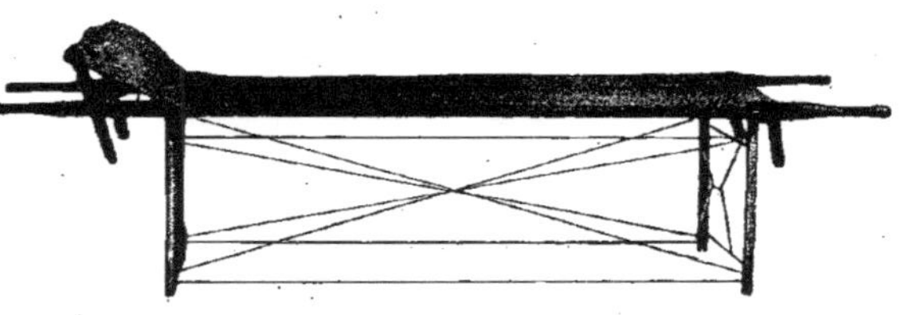

Fig. 16.

poids est inférieur à 7 kilogrammes et dont la rigidité égale celle des supports actuellement en service.

De plus il peut être monté et démonté avec facilité et rapidité par une seule personne et sans le secours d'aucun instrument (3 minutes pour le montage, 1/2 minute pour le démontage).

Toutes ses pièces, rigoureusement interchangeables, peuvent être remplacées immédiatement.

Enfin, au point de vue du transport, son encombrement est beaucoup moindre et 40 supports pour lits-brancards n'occuperaient que le quart d'un fourgon sanitaire, leur poids total restant inférieur à 280 kilog.

Le support se compose de quatre potelets réunis par des traverses métalliques et par un système de câbles qui assure la rigidité de l'appareil.

Les potelets sont en hêtre ; leur hauteur est de 0^{m}45, leur diamètre de 0^{m}032 ; chaque potelet, ferré à ses deux extrémités, comporte en outre, à son extrémité supérieure une plate-forme de 0^{m}050 de largeur, dont les bords sont relevés et sur laquelle vient se poser la hampe du brancard.

Chaque potelet présente :

1° 4 logettes de 0^{m}018 de profondeur et d'un diamètre de 0^{m}011 ; ces logettes, creusées en plein bois et munies d'une garniture métallique, sont situées 2 par 2 immédiatement au-dessous et au-dessus des ferrements du potelet, le diamètre de chacun étant perpendiculaire à celui de la logette qui est juxtaposée ;

2° Deux vis à crochets fixées entre chaque paire de logettes.

Dans les logettes entrent sans frottement les extrémités de 8 tringles métalliques de 0^{m}010 de diamètre et d'une longueur respective de 0^{m}50 pour les tringles transversales et de 1^{m}44 pour les tringles latérales.

Ces tringles métalliques une fois engagées dans les logettes forment avec les potelets le *support pour lit-brancard.*

La rigidité de l'appareil est obtenue par six câbles métalliques de 0^{m}003, fixés aux vis à crochet des potelets. La tension de ces câbles qui agissent suivant les diagonales des angles de l'appareil se fait au moyen de tendeurs spéciaux, dits *tendeurs d'aéroplane.*

L'appareil une fois monté et la tension des câbles une fois réglée, sa rigidité est absolue, et des essais faits récemment ont montré que l'ensemble du lit-brancard et de son support pouvait supporter avec facilité un poids de 150 kilog.

Le support fixe du modèle « lit d'opération » a été établi suivant les mêmes données.

Mêmes tringles métalliques (longueur et diamètre identiques), mêmes câbles avec tendeurs ; la hauteur des potelets dont le diamètre ne varie pas est pour ce modèle de 0^{m}80.

Le support Strauss actuellement en service est assurément excellent. Mais la nécessité se fait sentir de condenser sous le plus petit volume possible tout le matériel de guerre dans le but de rendre son transport plus facile.

Le support léger pour lit-brancard peut donc être appelé à rendre des services dans les nombreuses formations sanitaires d'hospitalisation et d'évacuation (ambulances immobilisées, hôpitaux temporaires ou permanents de la zone des étapes, hôpitaux de campagne auxiliaires des sociétés d'assistances, hôpitaux d'évacuation, infirmeries de gare de la zone des étapes, infirmeries de gîte d'étapes, dépôts de convalescents et estropiés).

Docteur P.-E. LE MAGUET,

Médecin aide-major de 1re classe de réserve,
Lauréat de l'Institut et de l'Académie de Médecine.

Nogent-sur-Marne (Seine), octobre 1911.

MACON, PROTAT FRÈRES, IMPRIMEURS.

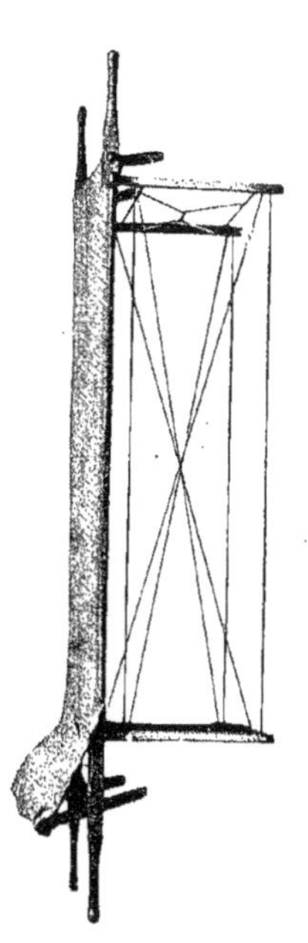